Sponti-Sprüche

Gesammelt von Willi Hau

ICH GEH KAPUTT GEHST DU MIT ?

Eichborn Verlag

CIP-Kurztitelaufnahme der Deutschen Bibliothek

Ich geh kaputt — gehst du mit?: Sponti-Sprüche/
ges. von Willi Hau — Frankfurt/Main:
Eichborn, 18. Auflage 1985 — 173. Tausend
ISBN 3-8218-1904-0

NE: Hau, Willi [Hrsg.]; Sponti-Sprüche

Umschlaggestaltung: Dagmar Bojko/Matthias Holub

Satz: Satzstudio Bachmeier & Matthes, Darmstadt
Druck und Bindung: Fuldaer Verlagsanstalt GmbH
Printed in Germany
ISBN 3-8218-1904-0

Ach GOTT, laß DU den Kommunismus siegen

Alle Autos
olivgrün

Alle Anfallenden
Arbeiten Auf
Andere
Abschieben –
Anschließend
Anscheißen –
Aber Anständig!

Alle Macht
für mich.
Maria

Also:
Ich bin
gegen
das Thema.
Aber ich könnte
noch stundenlang
darüber reden

Amis raus aus USA,
Winnetou is wieder da

An alle Piratinnen:
Die Meere gehören uns!

Anarchie ist
die übergeordnete Form
von Organisation
und:

Anarchie
ist machbar,
Herr Nachbar

Angst allein
macht
nicht
glücklich

Angst
macht
Schweigen

Auch du
bist
ein Idiot

Arbeit ist Verrat
am Proletariat

Arbeitskraft?
–
Nein danke!

Aus dem
Brett vor dem Kopf
eine Waffe machen

Baut
eure Häuser
am Ätna!

Behaltet
euer Tränengas,
es gibt genug
zum Heulen

Beim Flachdach ist das Dach flach

Bete und arbeite –
denn andere
wollen
von dir leben

Bier und Hanf
gehören zum Kampf

Das Wasser ist trüb,
die Luft ist rein,
Franz Josef muß ertrunken sein

Der
beste
Staat
ist
kein
Staat

Der Käser sitzt beim kargen Mahle – dann rollt er seinen Käs' zum Tale

Der Stein bestimmt das Bewußtsein

Der Student geht so lange
zur Mensa
bis er bricht

Deutsche raus
aus Deutschland –
dann ist Frieden

Deutschland hat
die Eigenart,
innen bitter,
außen hart

**Die Arbeit
ist der Untergang
der trinkenden Klasse**

**Die beste Nation
ist die Resignation**

**Die Bürde des Menschen
ist unannehmbar**

**Die DKP
ist die Vorhaut
der Arbeiterklasse,
wenn's ernst wird
zieht sie sich
zurück**

Der Freiheit eine Gosse

Die Rippe
wächst sich aus
und wird zum Hebel,
Schuld dran sind
der liebe Gott
und August Bebel

Die Stoßstange
ist
aller Laster Anfang

Die wahre Lebenslust
ist Grund zum
Widerstand

Die Zeit der Resignation
schafft nur schlaffe Sprüche

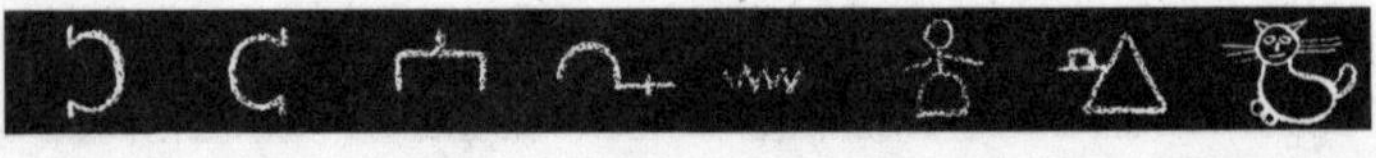

Duckmäuser aller Länder, vereinigt euch!

Dynamit – der Stoff
aus dem die Zukunft ist

Eene meene miste
Männer in der Liste
Eene meene Muh'
Mach' die Listen zu
Eene meene meck
Schmeißt die Listen weg!

Ein Schwein, das Angst vor dem Metzger hat,
wird nie ein Schnitzel.
Ein Student, der Angst vor dem Prof hat,
wird immer was werden

Ein Spanier macht noch lange keinen Sommer

Einen Finger kann man brechen –
fünf Finger auch

Enthaltet euch bei der Enthaltung – heiratet Golda Meïr

Erst darüber nachdenken. Nehmt dann Kredit auf!

Erst hatte er ’nen forschen Pimmel jetzt hat er einen Porsche-Fimmel

Es gibt
nichts Gutes
außer
man tut es

Es gibt
viel zu tun –
schauen wir's an

Es hängt alles
vom Glanz
in den Augen
der Mutter ab

Es hat erst angefangen –
wir werden immer weniger

Es lebe
die Galle

Es tickt
der Zeitgeist

Fällt
der Vollmond
auf
das Dach,
werden alle Spontis schwach

Feinen Rüttgers Piccolo
halt ich an den Zwickolo

Fick dich selbst,
sonst
fickt dich Gott

Fighting
for peace
is like
fucking
for virginity

FORD sei Dank!

Frauen,
leckt euch –
und die Welt schmeckt euch

Frauen sind Luft für mich –
doch ohne Luft
kann ich nicht leben

Freiheit
für die Bürgersteige –
Tod den Hunden

Freiheit
für Grönland –
Weg mit dem Packeis

Freiheit
für Louis Trenker –
gebt ihm seine Berge wieder

Freiheit
für Strauß –
laßt ihn nach Alaska

Freßt Scheiße –
zehn Millionen Fliegen
können sich nicht irren

**Früher
habe ich
mich mit euch
auseinandergesetzt**

–

**heute
setze ich mich
mit euch
zusammen**

Für
den Weihnachtsmann –
weg
mit dem Osterhasen

Für
die sofortige Aufnahme
der Uni-Mensa
in den Guide Michelin

Für
die sofortige
Abschaffung
des Alltags

Für
genügend Zuteilung
von
Waldmeister ans Volk

Für
grüne
Fuß- und Fliegenpilze

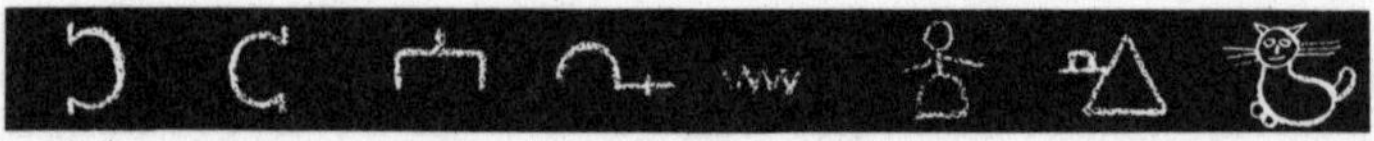

Geil auf Telefonsex?
Wähl 118

Gemeinsam
sind wir
unausstehlich

Gott
existiert nicht –
trotzdem
hasse ich ihn

Gott
ist tot –
und du lebst
auch nicht mehr lange!

Gott
weiß alles
aber
er sagt es nicht –
ich
weiß nichts
und sage alles

Gruß an alle Knechte
und Bremser!

Hände weg vom Volk

Hätte Mutti
Strauß abgetrieben,
wäre uns viel erspart geblieben

Haut dem Apel, diesem Lümmel,
die Atomraketen auf den Pimmel

Here I stand and meditate
shall I piss or masturbate?

Hilf dir selbst
dann
hilft dir Otto

Hunde,
wollt ihr ewig
sterben?

Ich bin ein linker Vogel –
wer sperrt mich ein?

Ich geh kaputt –
gehst du mit?

Ich liebe dich im Sitzen, im Liegen,
und wenn's einmal eng wird,
dann
machen wir's im Fliegen

Ich wünschte, ich liebte dich

**Im Bett
zart –
– gegen Bullen
hart**

**Im Jahre 2000
sind alle Männer
schwul –
– willst du
der letzte sein?**

In Bonn
liegt
die Yacht am Rhein

Ist der gute Ruf
erst ruiniert,
lebst du frei
und ungeniert

Jeden Tag
'ne gute Tat:
Heute scheiß' ich
auf den Staat

Jeder
stirbt sein Leben –
auch du

Jesus
liebt auch dich! –
Dann muß er aber
schön blöd sein.

Karl Marx
ist tot,
Rosa Luxemburg
ist tot –
und mir
ist auch schon
ganz schlecht

Kauft mehr Vinyl

Kein Atomkraftrad
für Agostini

Keine Macht
für Niemand

Kein Nichts
in Nirgends
und anderswo

Kein Schwanz
ist
so hart
wie das Leben

»Kommt mit«,
sprach der Esel zum Hund,
»etwas besseres als den Tod,
findest du überall!«

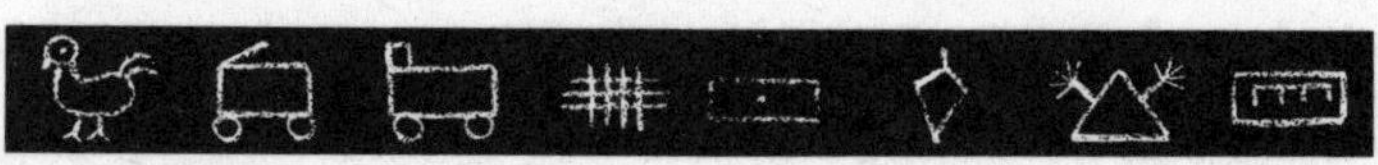

Kommt Zeit, kommt RAF –
dann wird die ganze Sache
etwas bombiger

Krawall und Aktion
gehören zum guten Ton.
Aber Inhalt und Ziele
haben wir nicht viele.

Laß mich dein Labello sein

Lebt Beckenbauer?
Oder haben die Amis
ein Double geschickt?

Legal –
Illegal –
Ikea-Regal

Legalisiert
Leberwurst

Lieber ein stadtbekannter Säufer als ein anonymer Mitläufer

**Lesben erhebt euch,
und die Welt
erlebt euch!**

**Leute, die alles
kaputt
machen wollen,
machen uns alle
kaputt**

Lieber
Gott als tot

Lieber
gute Punkerfeten
als
US-Atomraketen

Lieber
instandbesetzen
als
kaputt rumsitzen

Lieber
krank feiern –
als gesund arbeiten

Lieber
lesbisch vom Eßtisch
als locker vom Hocker

Lieber
'n Bauch vom Saufen,
als 'n Buckel vom Arbeiten

Lieber
'n offenes Ohr
als 'n offenes Bein

Lieber
'n warmer Typ
als ne coole Braut

Lieber
'n Punk im Schrank
als 'n Ted im Bett

Lieber
Rotwein
als totsein

Lieber
schwul und rot
als hetero und tot!

Lieber
Sekt saufen und rumbumsen
als abwarten und Tee trinken

Liebe ist,
den anderen
in
seiner Einsamkeit
zu bestärken!

Liegt der Bauer
tot im Zimmer
lebt er nimmer

Ligaleiz
Erdbeereis

Macht die Freaks
zu Freakadellen

Macht endlich,
was ihr wollt!

Männer aller Länder –
verpißt euch

**Marx
ist tot,
Lenin
ist tot,
und mir
geht es
auch nicht gut**

Mehr Moos auf die Fensterbänke

Mehr Tarnnetze für Panzer

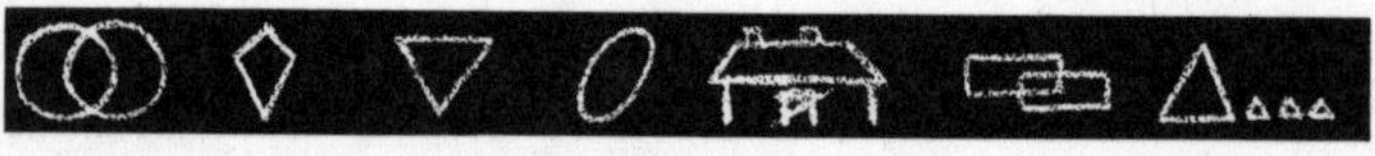

**Mehrwert
währt
länger als du**

**Mein Arsch bleibt
jedenfalls Jungfrau**

**Mit Herz kann man
Berge versetzen.
Aber ohne Kopf setzt man
sich leicht an die
falsche Stelle**

Moral ist nur
eine Schwäche
des Gehirns

Nehmt euch die Freiheit
der Wissenschaft,
entdeckt,
was ihr wollt

Nicht ducken –
mucken

Nicht jammern
und picheln,
sondern hammern
und sicheln

Nicht Milch und Quark –
Solidarität
macht uns stark

Nieder
mit dem Fahrstuhl

Nieder
mit den Heteronutten

No Atomstrom
in my Wohnhome

Nur Äktschen
bringt Sätisfäktschen

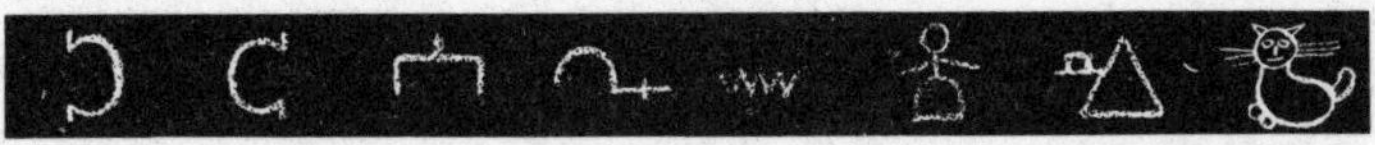

Nur Narrenhände
entführen
Erich Mende

Ob Eltern
oder keine,
entscheiden wir
alleine

Oh,
du mein Blumenkohlöhrchen

Ohne den totalen Flipp-aus
kommen wir hier nicht raus!

OUZO
statt
JUSO

Philosophie ist
wie ein nasser
Furz
aufs Auge

Ponto, Buback, Schleyer – die RAF ist reichlich teuer

Räumt ab, was euch langweilt!

Real bumsen in den Seminaren, statt endlos verbal onanieren

**Reichen euch
die Erfahrungen,
oder
erfahren euch
die Reichen?**

**Reiseleiter sind
Zuhälter der Natur**

**Schärft die Zungen
und
die Waffen,
um Atomkraft abzuschaffen**

Schluckt Samen –
Millionen
von Frauen
können
nicht irren.

Schwule dich frei!

Schwule für totalen
Klassenkampf
und totale Erektion

Staat,
hau ab!

Stoppt
die Übervölkerung,
werdet schwul

Such' nicht
nach Witzen
an der Wand,
den größten
hältst du in der Hand

Tretet bei der Gesellschaft
zur Rettung des Endreims!

Türken raus
aus Istanbul

Unsere Zeit
ist jetzt und hier,
da gibt es kein Gestern
und kein Morgen

Unterstützt
den antinudistischen
Befreiungskampf
der islamischen Völker

Vernunft
hat keine Tradition –
Drum CDU
wählen

Von mir enteignet:
König, Dame, Läufer, Turm
Springer und Bauer

Vorsicht ist die Mutter
der Karriere

Vorwärts zum Sieg im Volkspark!
– HSV/ML –

Vox populi
Vox Rindvieh

Was damals schlecht war, kann heute nicht schlechter sein

**Was Krupp
in Essen,
sind wir
im Trinken**

**Weg
mit dem Volk!
Der KBW
soll
entscheiden!**

Weg
mit dem Watzmann –
freier
Blick auf's Mittelmeer

Weg
mit den
Weg-mit-Gruppen

Weg
mit der
Zwangshomosexualität

Weg
mit
uns

Wehrt euch –
leistet nichts mehr

Wenn
es euch schon nicht gelang,
eure Mütter zu vergewaltigen,
dann erschlagt
wenigstens
eure Väter

Wenn keine Türken –
was dann für Sklaven?

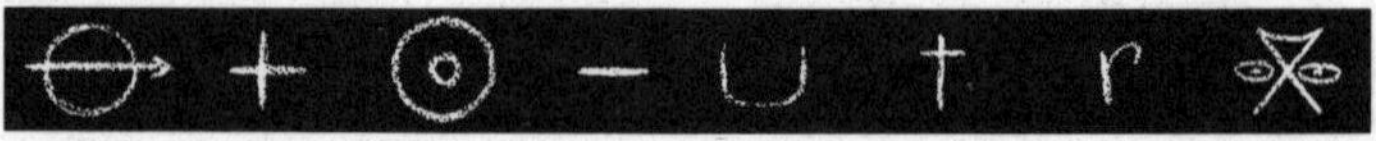

**Wer ARD sagt,
muß auch BRD sagen**

**Wer die Polizei an die Uni holt,
frißt auch kleine Kinder**

**Wer Kaviar frißt,
ist ein Rogenabhängiger**

**Wer keine Kraft
zum Träumen hat,
hat keinen Mut
zum Kämpfen**

**Wer nicht verkehrt,
lebt verkehrt**

Wer
seine Lage erkannt hat,
wo sollte der noch hinwollen?!

Willst du Butter von den Behörden,
schicke Milch auf den Dienstweg

Wir brauchen keine Politiker –
wir brauchen Günther Netzer!

Wir fordern ein ZK
für jedes Stockwerk ...
und 1 Butler

Wir haben den Kontakt
zur Realität
verloren –
keine Angst,
die findet uns schon wieder

Wir haben die Ewigkeit
zerstört!

Wir haben nichts zu verlieren, außer unserer Angst

Wir leben in einem Meer von Zeit, in dem die Zukunft in der Vergangenheit verlorengeht

Wir reißen Bäume aus,
wo keine sind

Wir wichsen nie
–
wir unterdrücken

Wir wollen
endlich alle
Kanzler werden

Wird Zeit,
daß wir leben

Wo
bleibt
das Niveau?

Wo
bleibt
der Rasta – Asta?

Wo Recht zu Unrecht wird, wird Widerstand zur Rechtsfrage

Wozu braucht der Papst noch Eier, wenn in der dritten Welt Menschen verhungern müssen?

Als Milder. Als Halfzwarer. Als Sterke Shag. Für ca. 50 frische Drehs aus Holland.

Mehr muß der Spaß nicht kosten. Javaanse Jongens.

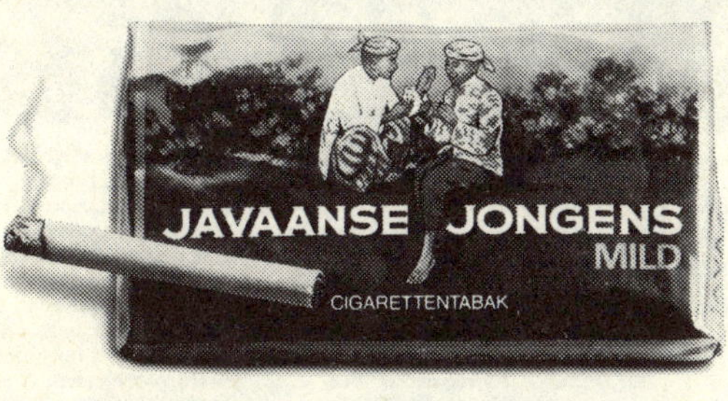

Jede Menge Zoff / für Studienrat und Prof. Erste, einzige und ausführliche Anleitung zum Schummeln, Spicken und Vortäuschen von Prüfungswissen. Ein Buch, das jeden Notendurchschnitt sprunghaft verbessert. Listig, lustig, raffiniert. Schülerfreundlicher Preis: **10,— DM** (1024)

Das ist Schummeln total. Neue Tricks für Fortgeschrittene. Chemie, Taschenrechner, Homecomputer, Sender und Empfänger werden angewandt und wissenschaftliche Testverfahren übertölpelt. Dazu Mogelgeständnisse Prominenter. — Kaufen und ausprobieren! **10,— DM** (1033)

So werden Lehrer auf Trab gebracht! Jede Menge Tips, Hinweise, Handlungsanleitungen, Strategien und Gemeinheiten, wie man dumpfautoritäre Lehrkörper unter Streß setzt. **Das Lehrbuch für die effektive Schüler-Notwehr; nur 10,— DM** (1030)

Lehrer, Eltern, Chefs, Hauswirte ecetera denken, du bist blöd. Von wegen! Kohle von den Eltern, anständige Noten, geile Kleidung, Ausgang nach Lust und Laune — hol sie dir. Du hast massig Rechte. Welche? Nachschaun! Hier! **10,— DM** (1035)

An alle Bürger dieser Republik: Besorgt euch dieses Überlebensbuch gegen Bürokratenwillkür und Datenverarbeitung. Es liefert wirkungsvolle Tricks und Tips zum Ärgern der Beamtenseele. Das ist konstruktive Subversion, wie wir sie lieben. — Für alle, denen die verwaltete Welt stinkt. **10,— DM** (1019)

Lehrer, Kindergärtnerinnen, Hausbesitzer, Kontrolleure, Schrebergärtner und Kirchenvorsteher halten Kinder für halslose Ungeheuer. Ergo kriegen sie ihren Ratgeber zur Bekämpfung dieser Brut. Mit Kinderhasser-Lexikon im Anhang. — Auch für entnervte Eltern von Nutzen. Ätzende Zeichnungen. **10,— DM** (1816)

Die Kunst der Englisch-Verballhornung greift epidemisch um sich. Wir liefern das erste Buch zur neuen Seuche; mit den besten Gags und vielen Zeichnungen. — Los geht's: Laden Sie Ihre Freunde zur »Gockel-Schwanz«-Party (Cocktail) mit »super fire« (mords Brand) ein! **10,— DM** (1810)

This kitchen-english is strong Tabacco. Aus Tausenden von Einsendungen sind hier die besten Übersetzungs-Gags zusammengestellt. Tolle Zeichnungen und jede Menge Stoff zum Lachen — zu Hause und im Büro. **10,— DM** (1817)

Die irrsten Flops, die genialsten Versager — hier sind sie versammelt. Massenhaft Schadenfreude von der besten Sorte! — Der Westdeutsche Rundfunk urteilt so: »Seit das Lexikon der Niederlagen erschienen ist, kann das Guinness-Buch der Rekorde einpacken.« **16,80 DM** (1082)

Das Lexikon gegen Chefs und andere Ärgerlinge: denn Rache ist süß. Wir bieten massenhaft praktische Rezepte, wie man Bösewichtern ihre Gemeinheiten wirkungsvoll heimzahlt. Lesen und in Vorfreude schwelgen! **Viel Rache für nur 16,80 DM** (1087)

Die subversive Welle rollt. Jetzt geht's Bürokraten, Bonzen, Machtfetischisten, Ausbeutern, Computern, der Kulturmafia und anderen Wichtigtuern ans Leder. Das subversive Lexikon, pickepacke-voll mit erlebter, erprobter + erlogener Action, das deine Phantasie beflügelt. **16,80 DM** (1084)

Eine Sammlung, die es bisher nicht gab: derbe, aufmüpfige, listige, zweideutige, gescheite, erfrischende, aggressive und lustige Sprichwörter. — »Wenn die Zähne weg sind, hat die Zunge freies Spiel!« Stimmt doch. Oder? — Über 1200 schnodderige Sprichwörter. **16,80 DM** (1083)

Das Beste, was je in Scene-Sprache geschrieben wurde. 12 Grimmsche Märchen: Sterntaler auf'm Wahnsinnstrip, Frau Holle wedelt die Rheumadecken aus, eine Emanze erzählt Froschkönig etc. **Das ganze super (!) illustriert, 12,80 DM** (1811)

Der große Durchblick für alle Freaks, Spontis, Schlaffis, Softis, Flipper und Hänger sowie deren Verwandte und sonstige Fuzzis. Spitze — dieser Grundwortschatz für läppische **10,— DM** (1088)

Der alltägliche Wahnsinn treibt die Lachtränen aus den Augen, wenn Rauschenbach sich mit seinen Karikaturen drüber hermacht. Der Zeichner aus der Scene liefert hier sein Bestes. **Mit detailliertem Verhandlungsszenario zur Anbahnung des Beischlafs:** Trotzdem nur **10,— DM** (1809)

Bis die Alten was schnallen, ist so'n Teeny dem Zusammenbruch nahe. Echt! — Lustige Bildgeschichte hat an der Realität. Jeder Streich ein Volltreffer — und Zeichner Rauschenbach in Top-Form. Für **nur 10,— DM** hilfst Du dem Pappi auf's Fahrrad. (1812)

Nichts klappt! Bild ist quer statt hoch. Also dreh's rum!

Die Welt ist wüst — und die Wüste lebt. — Gerd Bauers gezeichnete »Berichte aus dem Jammertal« (1. Kapitel) sind schon genauso scharf wie »Die Triebe der Liebe« (8. Kapitel). — Die Presse: »Du hast'n Rad ab, Gerd. Aber echt geil gemacht, deine Bilder.« **10,— DM** (1815)

Der Haupt-Strip zieht dir die Schuhe aus: Aus dem Dorf abgezischt, macht Toni Karriere bei der NASA, landet auf'm Mars und darf dort steinige Äcker pflügen. Das ist echt out. — Rundrum jede Menge triebhafte Zeichnungen. Trotzdem nur **10,— DM** (1813)

Hier wird das komplette Alte Testament rasant runtererzählt. Mit Spaß und Spannung, »Sex and Crime«, für Christen und Nichtchristen. »Dieser unheilige Knüller« (Münchner Merkur) »fasziniert wie ein Gute-Nacht-Krimi« (Die Zeit). Der neue Weg zur alten Bibel, 848 heitere Seiten lang. **Nur 16,80 DM** (0100)

Endlich liegt es vor: das Handbuch zur Bestimmung der elbischen Wald-, Feld-, Wasser-, Haus-, Berg-, Hügel- und Luftgeister. 79 Bilder vom berühmten »Yellow-Submarine«-Zeichner Heinz Edelmann. Peter Rühmkorf: »Unentbehrlich für jeden Geisterseher und Gespensterkundler.« **320 Seiten dick, Leinen, 36,— DM** (1027)

Man sollte endlich fürs Nicht-Arbeiten bezahlt werden, weil es sowieso nicht genug Jobs gibt, meint John Hannah, der geniale Säufer und Schreiber (Transatlantik, Pflasterstrand). Du kreischst vor Lachen über Johns Lebensbeichte. Eine Delikatesse für Durchblicker. — Zieh's dir rein. **24,80 DM** (0123)

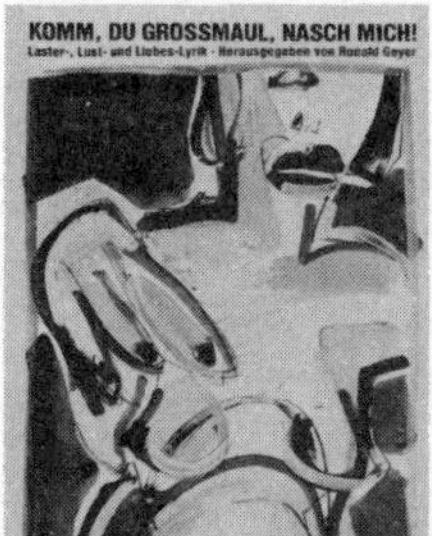

Gedichte, die anmachen. Das beste, was lebendige Dichterinnen und Dichter in den letzten Jahren zum Thema Nr. 1 geschrieben haben. Brutal und sensibel wie das Leben. Dabei sind: Theobaldy, Meyer, Karsunke, Fauser, Meckel, Nössler, Maiwald u. a. Mit Radierungen von Henry. **12,80 DM** (0311)

»Wenn sie mit dem Hintern wackelt, fließen die Flüsse bergauf«, schrieb Wolf Wondratschek. Jetzt gibt's den berühmten Bildband als Sonderheft für sage und schreibe **8,— DM** (7002)
Weiter in gut gebundener 7. Auflage lieferbar (die mit dem »Kodak-Foto-Buchpreis« ausgezeichnet wurde). Großformat. **28,— DM** (1701)

Die Buch-Sensation des Jahres! eine ausgebildete Soziologin tritt in der Peep-Show auf. Sie beschreibt aus ihrer Perspektive den Betrieb und ihre Kunden, die Männer. Vor allem aber: **sie fotografiert verdeckt.** Phantastisch geschrieben. Das ist wissenschaftliche Feldforschung! Das sind die Riten einer abgefuckten patriarchalischen Gesellschaft. **18,— DM** (1023)

Der verbogene Charakter im politischen Sumpf: karrieresüchtig, machtgeil, erfolgreich, servil und überheblich nach Bedarf. — Reimar Oltmanns zeigt die Entwicklung und Verstrickung einer leibhaftigen Romanfigur. Name: Jürgen W. Möllemann, Staatsminister. **16,80 DM** (1120)

Balzac könnte ihn erfunden haben, den Intriganten, den uns Reimar Oltmanns vorführt. Der Wandel vom Idealisten zum Machtfetischisten, der wie ein Asket lebt und geliebt werden möchte, ist faszinierend nachgezeichnet. Der Politik-Sucht-Kranke heißt Heiner Geißler, Generalsekretär der CDU. **16,80 DM** (1121)

Viele verabscheuen den »American way of life« und erliegen ihm doch. Warum? Weil die USA einer Droge gleichen. STERN-Amerika-Experte Liedtke pustet Vorurteile aus dem Schädel und zwingt Aha-Erlebnisse rein. Mit Fotos nur **20,— DM** (1028)

Walter Widmer: »Der entsetzlichste, erschütterndste Protest, der je gegen den Krieg erhoben wurde.« Wir fördern Johnny mit allem Nachdruck, weil es »das radikalste Anti-Kriegs-Buch ist, das je geschrieben wurde« — Ivan Illich. **Nur 18,— DM** (0112)

Ein einzigartiges Buch: liebenswert erzählte Tante-Lina-Geschichten, Dokumente aus der Kriegszeit und Kochrezepte von damals. Die Rheinische Post: »Tante Linas Kapriolen verraten Mut und Menschlichkeit, weniger den einer stillen Heldin, sondern mehr den einer Lebenskünstlerin mit Rückgrat.« **28,— DM** (1015)

Die »Trümmerfrauen«, die nach dem 2. Weltkrieg die Karre aus dem Dreck zogen, wie haben sie gelebt, was haben sie gedacht und vor allem: wie haben sie gekocht? — Zeitgeschichte für Kopf und Bauch. Mit vielen Rezepten, Geschichten und Dokumenten. **28,— DM** (1037)

Die größte Sponti-Spruch-Sammlung aller Zeiten. Alle authentisch aus Unis, Schulen, besetzten Häusern und Aborten. Die ZEIT nennt unser Werk »eine archaische Form von Literatur: Zaubersprüche der Spontis«. Je Band **5,— DM** (1904/1911/1921)

Die Genies produzieren weiter. Die allerneuesten Sponti-Sprüche. **5,— DM** (1929)

Die Sprüche der Scene werden immer besser. Band 5 beweist's. **5,— DM** (1934)

Zur internationalen Verständigung und Verbesserung des Unterrichts. **5,— DM** (1939)

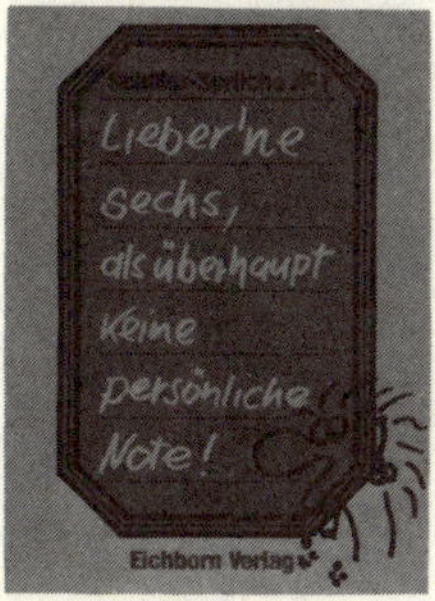

Es feixen die Schüler, und die Älteren erinnern sich. **5,— DM** (1928)

Das beste, was ihr uns geschickt habt, handverlesen. Satte Lache. **5,— DM** (1941)

Geniale Blödeleien mit grotesken Zeichnungen von Graf Pocci. **5,— DM** (1919)

Neue politische Witze blühen. Von den frechsten ein Sträuß-chen! **5,— DM** (1925)

Wenigstens für Witze langt er, der Kohl. **5,— DM** (1930)

Je schlechter die Politik, um so besser die Witze. **5,— DM** (1931)

Alle liegen auf der Matte. Nur nicht Oma, die liegt im Koma. **5,— DM** (1937)

Der beste unfreiwillige Humor aus dem STERN. **5,— DM** (1907)

Die besten unfreiwilligen Gags aus der Dauerrubrik im STERN. **5,— DM** (1940)

Gezeichnete Drudel von Rau-schenbach, die erotische Rät-sel aufgeben. **5,— DM** (1942)

Die verrücktesten Geistesblitze der Liebeswerbung. **5,— DM** (1923)

Die besten Merksätze aus der umfangreichen Anarchisten-Literatur. **5,— DM** (1913)